SORTIERE DEINE TIERE

Text von Michael Bright
Illustrationen von Gavin Scott

LAURENCE KING

Natural History Museum

LAURENCE KING

Laurence King Verlag GmbH
Jablonskistr. 27
10405 Berlin
www.laurencekingverlag.de

Erschienen in Großbritannien 2024 unter dem Titel
Get Your Animals in Order bei Hodder & Stoughton

Editor: Victoria Brooker
Designer: Peter Scoulding
Übersetzung: Frederik Kugler
Redaktion: Anne Vogel-Ropers

ISBN: 978-3-96244-402-0

Hergestellt in China, 1. Auflage Januar 2024

FSC www.fsc.org MIX Papier | Fördert gute Waldnutzung FSC® C104740

Laurence King ist ein Imprint der
Hachette Children´s Group
Part of Hodder & Stoughton
Carmelite House
50 Victoria Embankment
London EC4Y 0DZ

ein Unternehmen von Hachette UK
www.hachette.co.uk
www.hachettechildrens.co.uk

INHALT

WAS SIND TIERE?

Tiere sind überall. Wir sehen sie jeden Tag: Vögel fliegen über uns hinweg, Katzen streifen durch die Straßen, Insekten krabbeln in Gebüschen – aber wissen wir wirklich, was Tiere sind und wie sie leben? Was macht ein Tier zu einem Tier?

Gleithörnchen

Tiere bewegen sich fort

Tiere können gehen, laufen, springen, gleiten, fliegen und schwimmen. Manche, wie Korallen und Muscheln, bewegen sich, wenn sie jünger sind, und werden meist ortsfest, wenn sie älter werden.

Afrikanischer Büffel

Tiere fressen andere Lebewesen

Manche Tiere fressen Pflanzen und werden Herbivoren genannt. Manche fressen andere Tiere und werden Karnivoren genannt. Omnivoren fressen sowohl Tiere als auch Pflanzen.

Tiere nehmen Sauerstoff auf und geben Kohlendioxid ab

Die meisten Landtiere haben Lungen, und die meisten Meeres- und Süßwassertiere haben Kiemen.

Tiere haben Sinneszellen

Sie können sehen, hören, schmecken, riechen und fühlen, aber nicht alle Tiere haben all diese Sinne. Die meisten haben Nerven, die Sinneswahrnehmungen an die Muskeln weiterleiten, und viele haben ein Gehirn, das steuert, was in den verschiedenen Bereichen des Körpers vor sich geht.

Eine Welt voller Tiere

Es gibt etwa 1,5 Millionen wissenschaftlich beschriebene Tierarten, von denen 1 Million Insekten sind. Weitere 5,5 Millionen Arten warten schätzungsweise noch darauf, entdeckt und klassifiziert zu werden.

SORTIERE DEINE TIERE

Wissenschaftler*innen sind sehr organisiert! Sie fassen verschiedene Tierarten, die ähnliche Merkmale aufweisen, in Gruppen zusammen. Jede Gruppe bekommt einen Namen, der einige der gemeinsamen Merkmale der Gruppe beschreibt. Der Name „Gliederfüßer" zum Beispiel bezieht sich auf die Beinpaare und darauf, dass das harte Außenskelett, wie das von Insekten und Spinnen, klar in Segmente mit je einem Beinpaar unterteilt ist. Indem sie ordentlich klassifiziert werden, können sich Wissenschaftler*innen über alle bekannten Tierarten im Tierreich unterhalten, ohne sie zu verwechseln.

Wirbeltiere und Wirbellose

Das Tierreich kann in zwei große Gruppen unterteilt werden: Wirbeltiere (Tiere mit Wirbelsäule) und Wirbellose (Tiere ohne Wirbelsäule). Zu den Wirbellosen gehören etwa 30 Großgruppen, wie Schwämme, Weichtiere und Gliederfüßer, während Wirbeltiere aus 5 Großgruppen bestehen: Säugetiere, Vögel, Reptilien, Amphibien und Fische.

Art

Die spezifischste Einheit ist die **Art**, deren lateinischer oder griechischer Name sich aus zwei Teilen zusammensetzt, dem **Gattung**snamen und dem Artnamen, die kursiv gesetzt werden. Der wissenschaftliche Name für den modernen Menschen zum Beispiel ist *Homo* (Gattung) *sapiens* (Art), was „weiser Mensch" bedeutet.

Familie

Arten werden in **Familien** zusammengefasst. Der Mensch, Gattung *Homo*, gehört zur Familie der Menschenaffen, zu der drei weitere Arten gerechnet werden: Schimpansen, Orang-Utans und Gorillas.

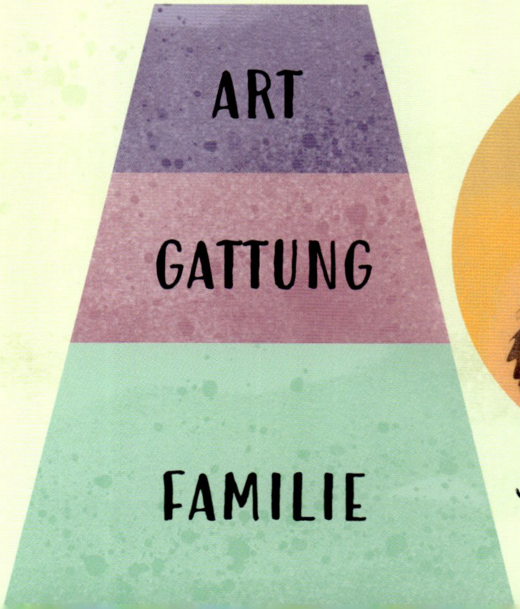

Schimpanse

Ordnung
Familien werden in **Ordnungen** zusammengefasst. Die Menschenaffen, zu denen wir gehören, bilden zusammen mit den Affen, Lemuren und Loriartigen die Ordnung der Primaten.

Klasse
Ordnungen werden zu **Klassen** zusammengefasst. Die Primaten bilden zusammen mit den Katzen, Wölfen, Walen, Schnabeltieren und vielen anderen Tieren, die Haare oder ein Fell haben und ihren Nachwuchs säugen, die Klasse der Säugetiere.

Stamm
Klassen werden zu **Stämmen** zusammengefasst. Wir Menschen zählen zum Stamm der Chordatiere, die irgendwann eine Chorda, einen länglichen, flexiblen Stab, der den Rücken unterstützt, entwickelt haben und die bei fortgeschrittenen Chordatieren von einer Wirbelsäule ersetzt wurde.

Reich
Stämme werden in **Reiche** zusammengefasst. Wir gehören zum Reich der Tiere. Die Anzahl der Reiche hat sich im Laufe der Zeit verändert, aber die Wissenschaft geht heute allgemein von sechs Reichen aus: Tiere, Pflanzen, Pilze, Bakterien, Archaeen und Protisten – in diesem Buch beschäftigen wir uns aber nur mit dem Tierreich.

SÄUGETIERE

Säugetiere sind pelzige Tiere. Sogar Wale und Elefanten haben ein paar Haare! Viele andere Säugetiere haben VIELE Haare oder ein Fell, das sie warmhält. Säugetiere sind gleichwarme Tier, was bedeutet, dass sie ihre Körpertemperatur konstant halten können.

Säugetiermilch

Säugetiere bringen lebenden Nachwuchs zur Welt. Alle Weibchen säugen ihre Neugeborenen mit Milch, damit sie groß und stark werden – Elefantenmütter sind da keine Ausnahme. Ein Elefantenbaby wächst wie ein Menschenkind nur langsam heran und erreicht das Erwachsenenalter erst mit 18 Jahren.

Löwenfamilie

Löwen gehören zur Familie der Katzen. Sie leben in Gruppen, die Rudel genannt werden, während die meisten anderen Katzen allein leben und jagen. Sie gehören außerdem zur Säugetierordnung der Raubtiere, zu denen auch Bären, Waschbären und Robben zählen. Sie haben allesamt lange, fangzahnartige Reißzähne, mit denen sie Beute packen oder ihre Kraft demonstrieren können.

Superwirbel

Säugetiere sind Wirbeltiere, weil sie eine Wirbelsäule haben, die aus vielen einzelnen Wirbeln besteht. Der Blauwal hat – mit bis zu 30 m Länge – die längste Wirbelsäule der Welt.

Beutelsäuger-Mama

Der Koala ist ein Beutelsäuger. Bei seiner Geburt ist ein Koala nicht viel größer als ein Gummibärchen. Um sich in Sicherheit zu bringen, kriecht das Baby (Joey genannt) in einen Beutel unter dem Bauch der Mutter. Dort trinkt es Muttermilch und verbringt den Rest seiner Entwicklung sicher versteckt.

DIE AUSNAHME

SÄUGETIERE, DIE EIER LEGEN

Fast alle Säugetiere bringen lebende Jungen zur Welt, nur eine Gruppe nicht: die Kloakentiere. Sie legen Eier, wie Reptilien. Die Jungtiere ernähren sich jedoch, wie andere Säugetiere auch, von der Milch ihrer Mutter und bekommen als Erwachsene ein Fell. Sie leben in freier Wildbahn in Australien und Neuguinea und werden in zwei Hauptarten unterteilt: Schnabeltiere und Ameisenigel.

Das Schnabeltier ist ein sehr merkwürdiges Tier. Als es 1798 entdeckt wurde, hielt man es für einen Scherz, eine Laune der Natur, als hätte jemand Teile von verschiedenen Tieren zusammengeflickt. Verständlicherweise, denn das Schnabeltier hat den Schnabel einer Ente, den Schwanz eines Bibers und Füße wie ein Otter!

Männliche Schnabeltiere haben giftige Sporne in Knöchelhöhe an den Hinterbeinen. Sie gehören zu den wenigen giftigen Säugetieren. Man nimmt an, dass es ihnen einen Vorteil beim Kämpfen mit anderen Männchen während der Brutzeit verschafft. Wenn ein Mensch ein Schnabeltier anfasst und versehentlich gestochen wird, kann das sehr schmerzhaft sein.

Wenn ein Schnabeltier taucht, verschließt es Ohren, Nase und Augen, kann aber trotzdem seine Beute, wie Würmer und Flusskrebse, auf dem Grund von Flüssen finden. Am vorderen Rand seines Schnabels befinden sich Rezeptoren, mit denen es die schwachen elektrischen Felder fühlen kann, die bei den Muskelbewegungen von Beutetieren entstehen – eine Art der Nahrungssuche, die es mit Haien, Rochen, Ameisenigeln und mindestens einer Delfinart, dem Guyana-Delfin, teilt.

Ameisenigel

In der Ordnung der Kloakentiere gibt es vier Arten von Ameisenigeln, die in Australien und Neuguinea leben. Sie haben Stacheln wie Stachelschweine und sehen aus wie Igel. Besonders ist auch, dass sie von allen Säugetieren die niedrigste durchschnittliche Körpertemperatur haben, etwa 32° C (im Vergleich zu etwa 37° C beim Menschen), die im Tagesverlauf steigt und fällt, wie bei einem Reptil.

VÖGEL

Vögel sind Tiere mit zwei Beinen und Krallen an den Füßen. Die meisten haben zwei Flügel und können fliegen. Ihr Körper besteht aus einem kräftigen, aber sehr leichten Skelett, und ist mit Federn bedeckt. Einige der Federn halten die Vögel warm, während andere ihnen beim Fliegen helfen oder als Prachtkleid dienen, um Rivalen abzuschrecken oder potenzielle Partnerinnen zu beeindrucken. Vögel sind gleichwarm, was bedeutet, dass sie ihre Körpertemperatur unabhängig von der Umgebungstemperatur halten können. Sie legen Eier mit einer harten Schale.

Ara

Bienenfresser

Immer der Sonne nach

Viele Vögel legen riesige Entfernungen zurück, um zu ihren Futter- und Brutplätzen zu fliegen. Die längste Wanderung unternimmt die Küstenseeschwalbe, die jedes Jahr zwischen Arktis und Antarktis hin- und herfliegt – eine Reise, die bis zu 90.000 km beträgt.

Küstenseeschwalbe

Wanderfalke

Schnelle Flitzer

Manche Vögel fliegen schnell, andere langsam. Wanderfalken können sich mit über 325 km/h herabstürzen und sind damit die schnellsten Tiere der Welt. Hierfür klappen sie ihre Flügel ein und nutzen die Schwerkraft, um sich vom Himmel fallen zu lassen.

Landvögel

Es gibt auch Vögel, die gar nicht fliegen können! Der Strauß hat zwar Flügel, nutzt sie aber nicht zum Fliegen. Er bewegt sich auf seinen sehr kräftigen Beinen vorwärts und erreicht Geschwindigkeiten von etwa 70 km/h. Seine Flügel benutzt er aber trotzdem: als Steuerhilfe, zum Bremsen und um seinen Küken Schatten zu spenden. Weitere flugunfähige Landvögel sind Emus, Nandus und Kiwis.

Schnabelformen

Vögel haben Schnäbel. Ihre Form ergibt sich oft aus dem, was sie fressen. Finken haben kurze, kräftige Schnäbel, um Samen aufzuknacken. Reiher haben längliche, spitze Schnäbel, um nach Fischen zu schnappen, und Pelikane haben einen Hautsack am Unterschnabel, um Fische hineinzuschaufeln. Adler haben gebogene Schnäbel, um Fleisch zu zerfetzen, und Spechte einen extrastarken Schnabel, mit dem sie in die Baumrinde schlagen, um an die Insekten dahinter zu gelangen.

Dino-Vögel

Vögel haben sich aus fleischfressenden Dinosauriern entwickelt. Die Wissenschaft glaubt, dass Vögel Dinosaurier sind, die das Massenaussterben überlebt haben, das durch einen Asteroiden verursacht wurde, der vor 66 Millionen Jahren auf der Erde einschlug. Stell dir das mal vor! Die Spatzen in deinem Garten sind in Wirklichkeit winzige Dinos!

DIE AUSNAHME

VÖGEL MIT FLOSSEN

Pinguine haben keine Flügel, sondern stattdessen Flossen, damit sie schwimmen und unter Wasser tauchen können. Sie haben ein dichtes Federkleid und eine Fettschicht unter der Haut, weshalb viele Pinguinarten in den kalten Polarmeeren leben können.

Die größten Pinguine sind die Kaiserpinguine, die etwa 1 m groß werden. Sie leben in der Antarktis und tauchen im stürmischen Südpolarmeer bis zu 20 Minuten lang auf eine Tiefe von 535 m, um Tintenfische und Fische zu fangen.

Die kleinsten Pinguine sind die Zwergpinguine, die auf Inseln vor den Küsten Australiens und Neuseelands vorkommen. Sie verbringen die meiste Zeit ihres Lebens im Meer und kehren nur zum Brüten und zur Mauser an Land zurück. Sie ziehen ihre Küken in Höhlen auf, in denen sie vor Raubvögeln sicher sind.

Felsenpinguine sind leicht an ihren roten Augen und den gelben Überaugenstreifen zu erkennen, deren Federn nach hinten stark verlängert sind – und natürlich an ihrer lustigen Angewohnheit, mit geschlossenen Füßen steile Felsen hinaufzuhüpfen.

Riesige Pinguinfossilien

Vor etwa 40 Millionen Jahren lebte ein Pinguin, der so groß war wie ein Mensch. Seine fossilen Überreste wurden in der Antarktis gefunden. Es wird vermutet, dass er tiefer und länger tauchen konnte als ein Kaiserpinguin und 40 Minuten unter Wasser bleiben konnte. Wahrscheinlich ist die Art ausgestorben, weil sie mit immer mehr Delfinen und Walen um Nahrung konkurrieren musste.

REPTILIEN

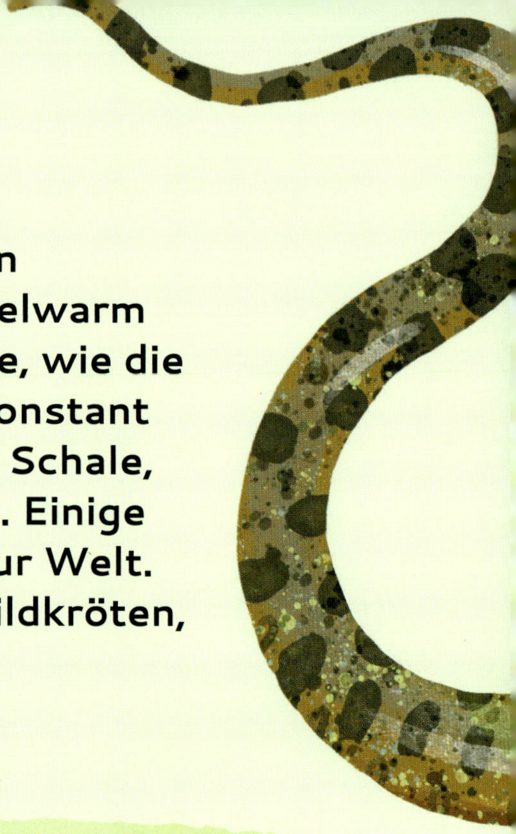

Reptilien sind Tiere, deren Körper mit wasserfesten Schuppen überzogen sind. Die meisten sind wechselwarm (sie sonnen sich, um sich aufzuwärmen), aber einige, wie die Lederschildkröte, können ihre Körpertemperatur konstant halten. Viele Reptilien legen Eier mit einer weichen Schale, die sie im Sand oder in Pflanzenmaterial vergraben. Einige bringen allerdings Miniaturausgaben ihrer selbst zur Welt. Es gibt fünf Großgruppen: Echsen, Schlangen, Schildkröten, Krokodile und – als lebendes Fossil – die Tuatara.

Krokodilfamilien

Krokodile, Alligatoren, Kaimane und Gaviale leben sowohl an Land als auch im Wasser. Krokodile haben eine lange, v-förmige Schnauze, während Alligatoren und Kaimane eine kürzere, u-förmige Schnauze und Gaviale eine längliche, schlanke Schnauze haben. Ihre langen, kräftigen Schwänze dienen ihnen als Ruder und Antrieb im Wasser. Wenn es ihnen zu heiß wird, öffnen sie ihr Maul, um Wärme abzugeben.

Echsen und Warane

Echsen laufen auf vier Beinen, wobei der Helmbasilisk und die Kragenechse manchmal auch auf ihren Hinterbeinen herumlaufen. Die meisten Arten haben einen langen Schwanz. Wenn ein Räuber nach ihnen schnappt, können einige ihren Schwanz abwerfen und später wieder nachwachsen lassen. Ihre Größe reicht von wenigen Zentimeter großen Mini-Chamäleons bis zu 3 m langen Komodowaranen.

Schildkröten

Die meisten Land-, Wasser- und Meeresschildkröten haben einen festen Panzer, der sie vor Fressfeinden schützt. Landschildkröten haben kurze, breite Beine und sind sehr langsam, während im Wasser lebende Schildkröten flossenförmige Beine haben, mit denen sie elegant schwimmen können.

Monsterschlange

Schlangen haben schon vor langer Zeit ihre Beine verloren und schlängeln auf ihren Rippen dahin. Einige töten ihre Beute mit Gift, andere erwürgen sie. Die Grüne Anaconda aus dem Amazonas-Regenwald ist die schwerste und mit 5 m Länge eine der längsten Schlangen der Welt. Sie zählt zu den Würgeschlangen, erstickt ihre Beute aber nicht, sondern umschlingt sie, zieht immer fester zu und unterbindet so die Blutzufuhr zu lebenswichtigen Organen wie dem Herzen.

Lebendes Fossil

Die Tuatara sieht aus wie eine Echse, ist aber keine. Sie ist die letzte überlebende Art einer Tierfamilie, die vor 250 Millionen Jahren lebte. Alle anderen sind ausgestorben. Ihre Vorfahren sind so alt, dass sie als „lebendes Fossil" gilt. Ein erstaunliches Merkmal ist ihr Scheitelauge („drittes Auge") auf der Oberseite ihres Kopfes.

DIE AUSNAHME

SEESCHLANGEN

Die meisten Reptilien legen Eier oder gebären an Land. Seeschlangen nicht. Von einer Seeschlangenart abgesehen, bringen alle ihre Jungen im Meer zur Welt. Die meisten Seeschlangen sind so an ein Leben im Wasser angepasst, dass sie sich an Land nicht fortbewegen können.

Einige Seeschlangenarten haben spezielle Sinnesorgane an ihrem Kopf, mit denen sie die Bewegungen ihrer Beutefische wahrnehmen können.

Seeschlangen atmen wie alle Reptilien Luft, nur dass sich ihre Nasenlöcher auf dem Schädel befinden und ein Ventil haben, damit kein Wasser eindringen kann. Sie können aber auch über die Haut atmen.

Seeschlangen haben ruderartige Schwänze, um effizient schwimmen zu können.

Seeschlangen sind sowohl nacht- als auch tagaktiv. Manchmal kommen sie zum Sonnenbaden an die Wasseroberfläche, aber sie können auch über mehrere Stunden in 100 m Tiefe jagen, ohne Luft zu holen.

Schlangen-Survival

Die meisten Seeschlangenmütter brüten ihre Eier in ihrem Körper aus, aus denen die Babyschlangen nach ein paar Monaten direkt lebend ins Meer schlüpfen. Sie kommen voll entwickelt zur Welt, können sofort sehen, hören, sich bewegen und jagen und sind direkt von ihrer Geburt an auf sich gestellt.

Seeschlangen zählen zu den giftigsten Schlangen der Welt, beißen aber selten Menschen.

AMPHIBIEN

Amphibien waren die ersten Tetrapoden (Vierfüßer). Sie haben sich vor über 400 Millionen Jahren aus Fischen entwickelt. Aus den Flossen wurden Beine, und die Jungtiere vieler Amphibienarten haben immer noch Kiemen, wie Fische. Heutzutage verbringen die meisten Amphibien einen Teil ihres Lebens im Wasser und den Rest an Land. Die erwachsenen Tiere haben Lungen, mit denen sie atmen, sie können Sauerstoff aber auch im Wasser über die Haut aufnehmen. Es gibt drei Großgruppen: Frösche und Kröten, Salamander und Molche und Schleichenlurche.

Erdkröte

Nah am Wasser

Die meisten Amphibien haben eine schuppenlose Haut, die sie feucht halten müssen. Einige Krötenarten haben jedoch eine trockene, warzige Haut und Giftdrüsen, aus denen sie ein unangenehmes Sekret absondern, um sich vor Fressfeinden zu schützen.

Große Wabenkröte

Amphibienbabys

Fast alle Amphibien legen ihre Eier im Wasser ab. Einige Frosch- und Krötenarten gleich riesige Mengen, den Laich. Die Eier entwickeln sich zu Kaulquappen. Andere legen einzelne Eier und tragen die Kaulquappen auf ihrem Rücken ins Wasser oder bauen ein Schaumnest, um sie zu schützen. Die Weibchen der Großen Wabenkröte haben sogar kleine Waben auf dem Rücken, in denen sich die Eier und Kaulquappen entwickeln.

Gefrorene Frösche

Amphibien sind wechselwarm, das heißt, sie müssen sich anpassen, um in der Kälte zu überleben. In Nordamerika verwandelt sich der Lebensraum des Waldfrosches (auch Eisfrosch) im Winter in eine gefrorene Wildnis, weshalb er, wie viele Amphibien, seine Körpertemperatur herunterfährt und in Winterstarre fällt. Aber das ist noch nicht alles: Wenn sein Teich zufriert, gefriert auch er, aber nicht vollständig. Im Frühling taut er wieder auf.

Molche und Salamander

Molche verbringen die meiste Zeit ihres Lebens im Wasser und haben Schwänze wie Fische. Die meisten Salamander verbringen große Teile ihres Lebens an Land und sehen ein bisschen aus wie Echsen. Einige haben Hautdrüsen, die tödliches Gift produzieren.

Fossiles Amphibienmonster

Bevor es Dinosaurier gab, gab es riesige Amphibien. Prionosuchus würde alle heutigen Amphibien ganz schön klein aussehen lassen – wäre er noch am Leben. Er lebte vor etwa 285 Millionen Jahren, sah eher wie ein Krokodil als eine Amphibie aus und war 9 m lang. Die heute größte lebende Amphibie ist mit 1,8 m der Chinesische Riesensalamander.

DIE AUSNAHME

SCHLEICHENLURCHE

Die seltsamsten Amphibien sind sicher die Schleichenlurche. Da sie keine Beine haben, sehen kleine Exemplare aus wie Regenwürmer und große wie Schlangen. Schleichenlurche leben meist unter der Erde. Ihr Kopf besteht aus Knochenplatten, die wie eine Schaufel zusammengefügt sind, damit sie sich durch die Erde wühlen können. Andere Arten leben im Wasser.

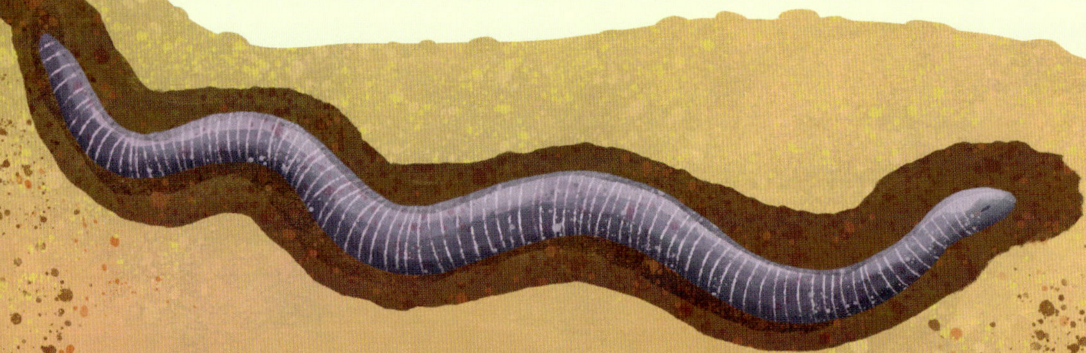

Da die meisten Schleichenlurche unter der Erde leben und nicht sehen können müssen, haben sie zurückgebildete, von Haut abgedeckte Augen.

Schleichenlurche spüren Fressfeinde und Beute über Vibrationen im Boden auf. Sie haben winzige sensible Fühler zwischen Nase und Augen, mit denen sie Nahrung finden und sich orientieren.

Schleichenlurche haben scharfe Zähne. Sie fressen hauptsächlich Insekten und Würmer, fangen aber auch andere Amphibien und sogar andere Schleichenlurche.

Kratzende Monster

Eine Art lebt in Kenia, legt Eier und füttert ihre Jungen auf sehr ungewöhnliche Weise. Die Jungen ernähren sich von einer speziellen, fett- und eiweißreichen Hautschicht, die sich die Mutter außen an ihrem Körper wachsen lässt, indem sie sie mit ihren Zähnen abkratzen und fressen.

Einige Arten legen Eier in feuchte Höhlen in Wassernähe, während andere lebenden Nachwuchs zur Welt bringen.

Der längste Schleichenlurch ist 2,4 m lang, der kürzeste 9 cm.

FISCHE

Es gibt drei große Gruppen von Fischen: Haie und Rochen mit einem Skelett aus biegsamem Knorpel, Knochenfische mit einem festen Skelett aus Knochen, und Schleimaale und Neunaugen, die keinen Kiefer haben. Die meisten haben Schuppen, und wenn nicht, überzieht eine Schleimschicht ihren Körper.

Fische und Flossen

Fische bewegen sich mithilfe ihrer Flossen aufrecht fort. Viele Fische benutzen die Schwanzflosse als Antrieb und die Rückenflosse zur Stabilisierung. Die Brustflossen sind wie Flügel geformt, besonders die von Haien. Sie helfen den Fischen dabei, durchs Wasser zu gleiten.

Auf und ab

Viele Fische können ihren Auftrieb anpassen. Knochenfische haben eine mit Luft gefüllte Schwimmblase. Mehr Luft lässt sie nach oben steigen, weniger Luft nach unten sinken. Knorpelfische haben eine große ölreiche Leber, die ihnen beim Auftrieb hilft, da Öl leichter ist als Wasser.

Unter Wasser atmen

Fische atmen durch Kiemen. Der Sauerstoff aus dem Wasser gelangt durch die Kiemen ins Blut und zirkuliert dann durch den Körper.

Sechster Sinn

Fische haben einen guten Geruchs-, Geschmacks- und Tastsinn. Sie haben alle eine gerade Reihe an Sensoren an beiden Seiten ihres Körpers, das Seitenlinienorgan, das Bewegungen im Wasser wahrnimmt – eine Art „Ferntastsinn". Haie und Rochen haben einen besonderen sechsten Sinn: Sensoren in ihrer Schnauze können elektrische Felder wahrnehmen, die andere (Beute-)Tiere produzieren.

Ozeangiganten

Die größten Fische im Meer – Walhaie, Riesenhaie und Mantarochen – fressen die kleinsten. Sie sind Filtrierer. Sie filtern Plankton und kleine Fische aus dem Wasser. Walhaie sind riesig und können bis zu 9 m lang werden, während der Riesenmanta eine Spannweite von 7 m erreichen kann.

Kieferlose Fische

Schleimaale und Neunaugen sind geformt wie Aale und haben weder Schuppen noch Kiefer. Ihr Mund ist rund und mit kleinen Zähnen gefüllt. Neunaugen heften sich mit ihrem Maul an größere Fische und saugen deren Blut. Schleimaale ernähren sich von toten Lebewesen. Wenn sie angegriffen werden, produzieren sie große Mengen Schleim, der die Kiemen ihrer Angreifer verklebt.

DIE AUSNAHME

FISCHE AN LAND

Schlammspringer sind Fische, die sich wie Amphibien verhalten. Sie sind so gebaut, dass sie sich an Land fortbewegen können: Ihre Brustflossen sitzen weiter vorn, sind verdickt und werden wie Beine eingesetzt. Sie hüpfen über den Strand, indem sie sich mit ihrem Schwanz vom Boden abstoßen, und können sogar auf niedrige Äste klettern!

Schlammspringer müssen sich feucht halten, um atmen zu können. Sie nehmen Sauerstoff über die Haut, Mund- und Rachenschleimhaut auf, können aber auch atmen, indem sie ihre Kiemenspalte schließen und Wasser in ihrer Kiemenhöhle behalten.

Schlammspringer leben in Höhlen, die sie erbittert gegen Artgenossen verteidigen. Bei Flut verstecken sie sich in ihrer Höhle, tauchen aber bei Ebbe wieder an der Oberfläche auf.

Laufen und fliegen

Es gibt aber noch andere Fische, die das Wasser verlassen. Kletterfische können sich bis zu 10 Stunden an Land aufhalten und von einem Gewässer zum nächsten wandern. Sie bewegen sich wellenförmig fort und verwenden ihren dornigen Kiemendeckel, um sich festzuhalten. Muränen schießen aus Gezeitentümpeln, um Krebse zu fangen, und Fliegende Fische springen aus dem Meer und gleiten über das Wasser, um Räubern zu entkommen, die sie von unten verfolgen.

Männliche Schlammspringer führen eine beeindruckende Balz auf, um Weibchen anzulocken, indem sie ihre Brustflossen spreizen und sich auf ihrem Schwanz balancierend in die Luft recken und fallen lassen. Ist einer erfolgreich, legt das Weibchen seine Eier in dessen Höhle ab, wo er sie bewacht, bis sie schlüpfen.

GLIEDERFÜSSER

Gliederfüßer sind wirbellose Tiere mit Beinpaaren, einem segmentierten Körper und einem Außenskelett. Es gibt vier Großgruppen: Insekten, Spinnentiere (Spinnen, Milben und Skorpione), Hundert- und Tausendfüßer und Krebstiere.

Sehr, sehr viele

Gliederfüßer machen rund 80 % aller Tiere auf der Erde aus und bewohnen alle Lebensräume auf unserem Planeten. Sie gehen, laufen und schwimmen, und Insekten waren vor etwa 400 Millionen Jahren die ersten Tiere, die fliegen konnten.

Jede Menge Beine

Viele Tiere haben vier Gliedmaßen. Gliederfüßer haben mehr. Insekten haben 6 Beine, Spinnen und Skorpione 8, Hundertfüßer haben 15–177 Beinpaare (aber immer eine ungerade Anzahl), und der vielbeinigste Tausendfüßer aus Kalifornien, USA, hat bis zu 750 Beine! Krebse und Hummer haben 10 Beine, von denen die ersten beiden zu Scheren umgebildet sind, und Garnelen 10 Lauf- und 10 Schwimmbeine.

Gepanzerte Meeresbewohner

Krebstiere leben im Meer, wobei einige Arten auch in Süßwasser und an Land leben. Während Gliederfüßer meist klein sind, können Krebstiere sehr groß werden, wie die Japanische Riesenkrabbe, die eine Beinspanne von bis zu 3,7 m erreichen kann. Die kleinsten Krebstiere, wie Krill und Ruderfußkrebse, sind eine wichtige Nahrungsquelle für viele Meerestiere.

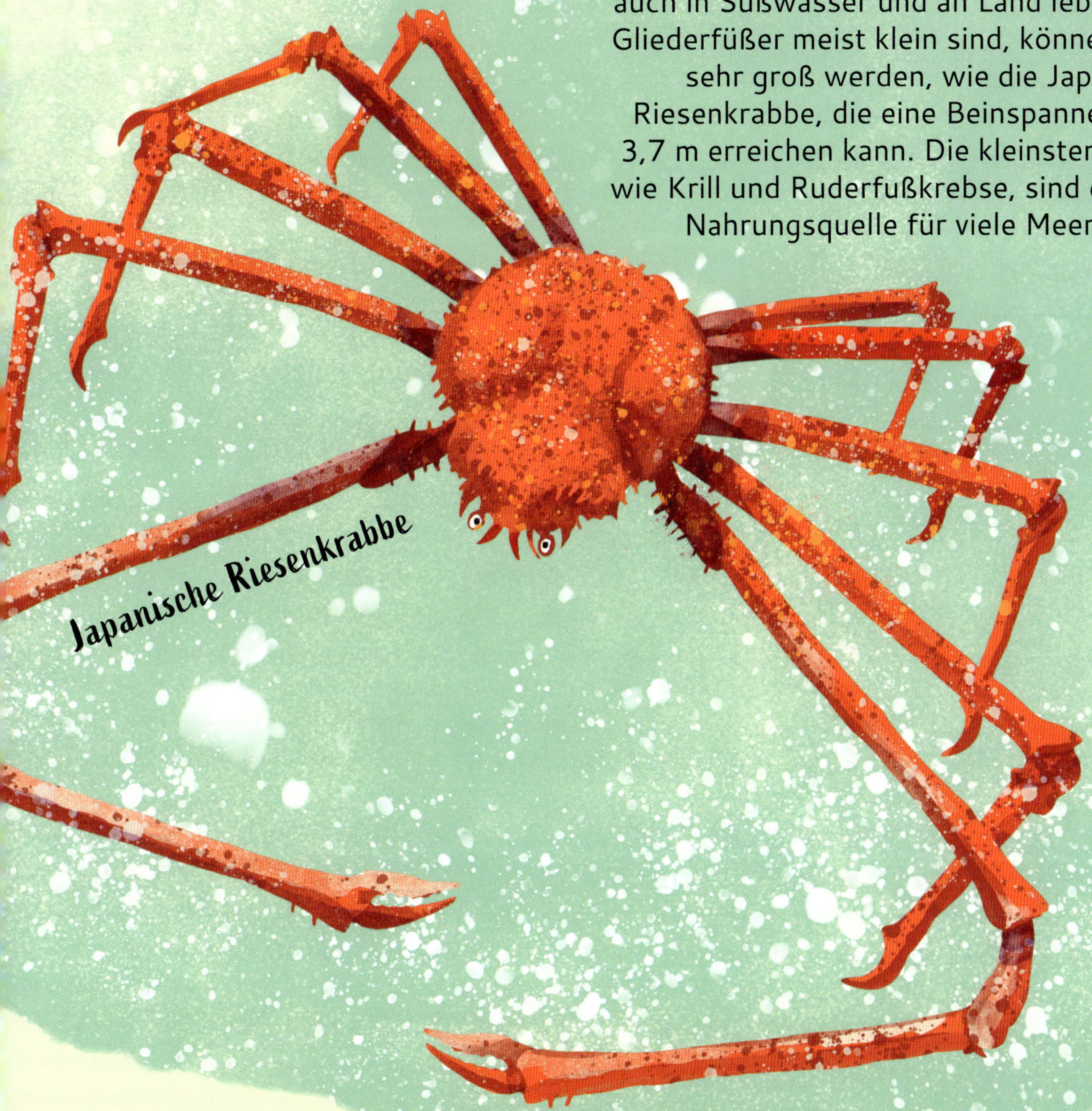

Parasiten

Drei der vier Großgruppen haben Parasiten in ihren Reihen. Flöhe und Läuse sind flügellose Insekten. Zecken und Milben sind Spinnentiere. Walläuse und Zungenasseln sind Krebstiere. Unter den Hundert- und Tausendfüßern gibt es keine Parasiten.

Flöhe

ERSTAUNLICHE GLIEDERFÜSSER

Aufgrund ihres panzerartigen Außenskeletts haben Gliederfüßer eine erstaunliche Art zu wachsen. Erst streifen sie ihre harte Hülle ab, dann wachsen sie ein bisschen, während ihre neue Haut noch weich ist, dann wird sie wieder hart, sie streifen sie wieder ab usw.

Verwandlungen

Insekten verwandeln ihre Gestalt und ihr Verhalten von einem Lebenszyklus zum nächsten in einem Prozess, der Metamorphose genannt wird. Heuschrecken und Libellen machen eine „allmähliche Metamorphose" durch: Ei, Nymphe und erwachsenes Tier. Bienen und Schmetterlinge machen eine „vollkommene Metamorphose" durch: Ei, Larve (Raupe), Puppe und erwachsenes Tier. Nymphen- und Raupenstadium dienen hauptsächlich der Nahrungsaufnahme und dem Wachstum.

Riesennetze

Spinnen produzieren eines der stärksten Materialien der Natur – Seide, die stärker als Stahl ist. Viele Spinnen spinnen ein Netz aus Seide, um Beute zu fangen, und das Netz der Rindenspinne ist bei weitem das größte und stärkste. Die Spannseile können sich bis zu 25 m über Flüsse spannen und das eigentliche Netz 3 m^2 betragen.

Umwelthilfen

Gliederfüßer sorgen für eine gesunde Umwelt: Bienen, Käfer, Falter und Fliegen bestäuben Pflanzen, Totengräber (Käfer) nutzen Aas (tote Tiere) und Mistkäfer Dung (Kacke von Pflanzenfressern) als Nahrung für ihren Nachwuchs. Und alle Insekten dienen selbst als Nahrung für viele andere Tiere.

Gifte

Viele Gliederfüßer schützen sich mit Gift, das sie entweder anderen Tieren injizieren oder bei Gefahr absondern. Bienen, Wespen, Ameisen und Skorpione haben Giftstachel.

Hundertfüßer injizieren Gift mit ihrem zu Giftklauen umgewandelten ersten Beinpaar.

Bombadierkäfer spritzen ein kochend heißes Gasgemisch aus ihrem Hinterleib.

Stinkwanzen sondern bei Gefahr ein stinkendes Sekret ab.

DIE AUSNAHME

BAUMKLETTERNDE PALMENDIEBE

Nicht alle Krebse leben im Meer. Einige fühlen sich in Flüssen und Bächen wohl, während andere die meiste Zeit ihres Lebens an Land verbringen. Viele an Land lebende Krebse müssen in ihrem Lebenszyklus immer wieder ans Meer, da sich ihre Eier und Larven im Wasser entwickeln.

Riesiger Landkrebs

Palmendiebe sind mit einer Spannbreite von bis zu 1 m von einer Beinspitze bis zur anderen die größten landlebenden Gliederfüßer der Welt. Sie haben einen sehr guten Geruchssinn und nutzen ihn, um reife Früchte, Nüsse und Aas zu finden. Tatsächlich fressen sie fast alles – auch unser Picknick, wenn wir nicht aufpassen!

Kletterkünstler

Palmendiebe klettern zwar auf Palmen, aber nicht um absichtlich Kokosnüsse zu stehlen, wie der Name vermuten lässt. Meist klettern sie auf Palmen, um vor Feinden zu fliehen. Wenn dabei eine Kokosnuss herunterfällt, können sie diese aber tatsächlich am Boden öffnen.

Leben an Land

Wenn erwachsene Palmendiebe ins Meer gespült werden, ertrinken sie, weil sie nicht schwimmen können. Die Weibchen müssen aber zum Meer, um ihre Eier im Wasser abzulegen. Die Larven schwimmen dann als Plankton im Meer.

Entwicklung im Meer

Nach etwa vier Wochen sinken sie dann auf den Meeresboden und suchen sich leere Schneckenhäuser, um sich zu schützen. Wenn sie groß genug sind, verlassen sie das Meer und verlieren die Fähigkeit, unter Wasser zu atmen. Die erwachsenen Palmendiebe kehren nie wieder ins Meer zurück.

WEICHTIERE

Weichtiere gibt es in allen Formen und Größen, aber alle haben einen Mantel. Dieser Mantel ist die Außenhaut des Weichtiers. Er umschließt die Eingeweide und kann Arme ausbilden, die zur Nahrungsaufnahme und zur Fortbewegung genutzt werden können.

Weichtiere und ihre Schale

Viele Weichtiere haben eine Schale. Schnecken gehören zu den Gastropoden (Bauchfüßern), das heißt, sie bewegen sich mithilfe eines einzigen großen Fußes fort und tragen eine Schale (Gehäuse) auf dem Rücken. Viele Bauchfüßer haben eine einzige, spiralförmige Schale, während Muscheln eine aus zwei Klappen bestehende Schale haben. Die Schalen schützen die Tiere vor Fressfeinden. Sogar Tintenfische haben eine Schale, die sich jedoch innen befindet und Schulp genannt wird.

Zwei Schalen

Miesmuscheln sind zweiklappige Weichtiere. Das heißt, sie haben zwei Schalen, die durch einen starken Muskel zusammengehalten werden. Sie können sich überall festkleben, indem sie starke Fäden ausscheiden, die auch Bart genannt werden. Sie ernähren sich, indem sie Wasser durch eine Atemröhre (Siphon) einsaugen und Plankton herausfiltern, bevor sie es durch einen anderen Siphon wieder ausscheiden.

Bunte Nacktkiemer

Nacktkiemer sind schalenlose Bauchfüßer, die im Meer leben. Sie haben meist eine Art Kiemengebilde auf ihrem Rücken und bunte, fadenartige Anhänge, die Cerata genannt werden. Einige Arten fressen die Nesselzellen (Giftpfeile) ihrer Beute und speichern sie in den Spitzen ihrer Cerata, um sie bei Berührung auszustoßen und so Fressfeinde abzuwehren.

Käferschnecken

Käferschnecken leben ausschließlich im Meer und haben eine flache Schale auf ihrem Rücken, die aus acht überlappenden Einzelplatten besteht. Einige Arten haben ein erstaunliches Heimfindevermögen – egal, wohin es sie verschlägt, sie finden immer nach Hause zurück.

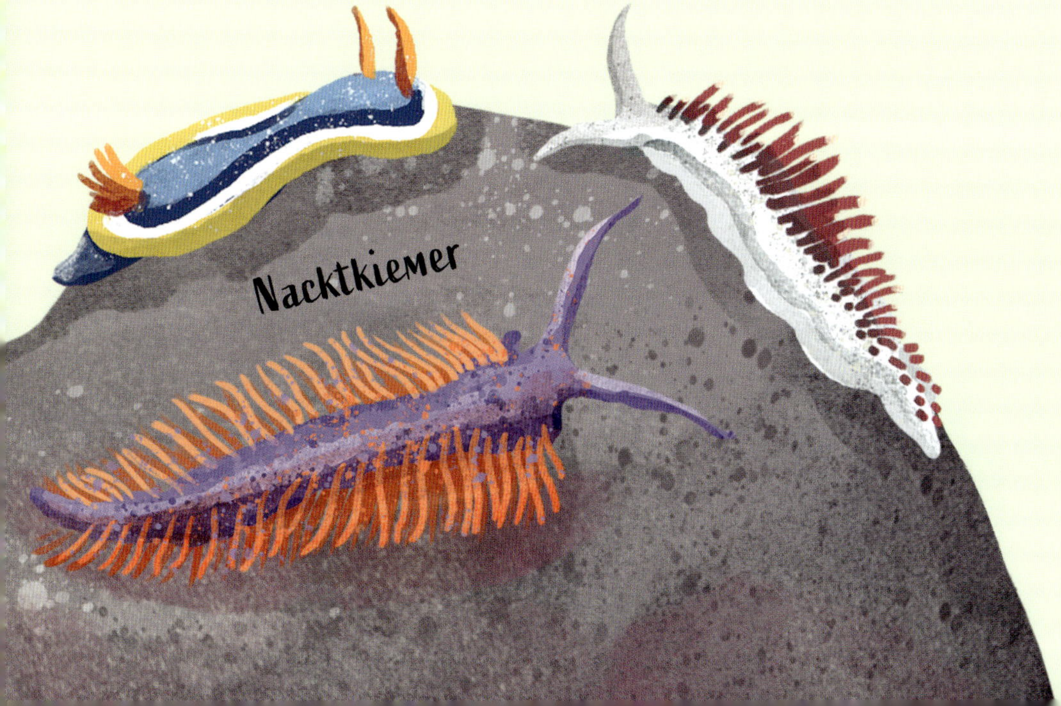

DIE AUSNAHME

INTELLIGENTE WIRBELLOSE

Zur Klasse der Kopffüßer gehören Kraken, Kalmare und Sepien. Sie haben einen auffälligen Kopf und ein großes Gehirn. Kraken haben acht Arme, Kalmare und Sepien haben acht Arme und zwei Tentakel. Sie haben alle einen Siphon (Trichterorgan), mit dem sie sich per Rückstoß fortbewegen und durch den sie eine Wolke Tinte zur Abwehr spritzen können. Viele können zur Tarnung oder Kommunikation Farbe, Muster und Textur ihrer Haut in Sekundenschnelle ändern.

Werkzeug

Im Vergleich zu anderen Weichtieren sind Kopffüßer hochintelligente Tiere. Kraken können in einem Aquarium lernen, Formen und Muster zu erkennen, und verwenden in freier Wildbahn Werkzeuge. Ader-Oktopusse nehmen die Schalen von Kokosnüssen, um sich ein schützendes „Haus" zu bauen, während Gewöhnliche Kraken herumliegende Muscheln und Steine aufsammeln, um sie bei einem Haiangriff wie eine Rüstung zu nutzen.

Hautkommunikation

Kalmare unterhalten sich mithilfe ihrer Haut und haben eine eigene visuelle Sprache aus wechselnden Punkt- und Streifenmustern. Die Wissenschaft muss aber erst noch herausfinden, was sie genau sagen. Einige Unterhaltungen haben mit der Paarung zu tun, die meisten sind ein Rätsel. Der große und aggressive Humboldt-Kalmar hat sogar Leuchtorgane in der Haut, die ähnlich wie beim E-Book-Reader für eine Hintergrundbeleuchtung sorgen, damit er seine Unterhaltung auch im Dunkeln fortsetzen kann.

Kleine Trickser

Sepien nutzen schnell wechselnde Hautmuster, um ihre Beute zu hypnotisieren, und schnappen dann mit ihren Tentakeln zu, bevor die Beute entwischen kann. Sepien können auch zwei verschiedene Botschaften gleichzeitig aussenden, indem sie mit der einen Körperseite einen Rivalen warnen, während sie mit der anderen versuchen, eine potenzielle Partnerin zu beeindrucken.

WÜRMER

Würmer haben einen langgestreckten, schlauchförmigen Körperbau. Es gibt viele verschiedene Arten, wie Ringelwürmer, Plattwürmer, Fadenwürmer, Schnurwürmer, Igelwürmer und Vielborster. Ihre Größe variiert von einem Millimeter langen Fadenwürmern bis zu 30 m langen Schnurwürmern, den vielleicht längsten Tieren der Erde.

Regenwürmer

Regenwürmer sind gegliederte Würmer, die sich durch die Erde graben und zu deren Fruchtbarkeit beitragen. Es gibt viele Arten, wobei der australische Gippsland-Regenwurm mit seinen bis zu 3 m Länge der längste ist.

Bunte Staubwedel

Einer der schönsten Würmer ist die Schraubensabelle, die wie ein bunter Staubwedel aussieht. Sie leben in einer Röhre, aus der nur ihre bunte Tentakelkrone herausragt, mit der sie ihre Nahrung aus dem Meerwasser herausfiltern.

Parasiten

Bandwürmer sind lange, platte Würmer und Parasiten. Sie leben im Inneren eines anderen Tieres (Wirt) und fügen diesem Schaden zu. Sie leben im Darm, wo sie Nahrung aufnehmen, sodass der Wirt hungern muss. Sie haben einen mit winzigen Häkchen versehenen Kopf (Scolex), mit denen sie sich an der Darmwand des Wirts festhalten. Ihr Nacken produziert fortlaufend sich ablösende, Eier enthaltende Segmente, die mit dem Kot des Wirts nach draußen transportiert werden und so irgendwann in einen neuen Wirt gelangen.

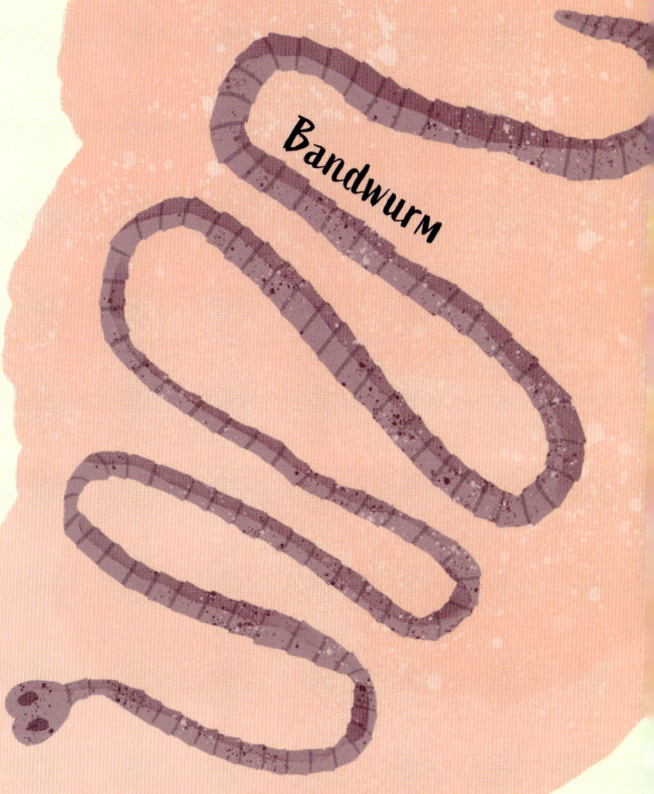

Sandräuber

Der Bobbitwurm ist ein furchterregender Räuber. Der Vielborster gräbt sich mit seinem bis zu 3 m langen schillernden Körper im Sand ein, bis nur noch der Kopf herausragt. Sobald ein Fisch oder eine Garnele vorbeischwimmt, schnappt er zu, zieht sie unter den Sand und frisst sie.

STACHELHÄUTER

Viele Stachelhäuter sind mit Stacheln überzogen, und die meisten Arten haben eine fünfarmige Sternform. Es gibt Seeigel, Seesterne, Schlangensterne, Seelilien, Haarsterne und Seegurken.

Stachelige Sterne

Seesterne haben meist fünf Arme, können aber mehr haben. Der Sonnenstern aus der Antarktis hat bis zu 50 schlanke Arme. Seesterne haben auf der Unterseite ihrer Arme zahlreiche Füßchen, mit denen sie sich fortbewegen. Sie ernähren sich, indem sie ihren Magen ausstülpen und ihre Beute damit umhüllen.

Stachelige Kugeln

Seeigel sind kugelförmig, aber man kann immer noch die Sternform auf ihrem Gehäuse erkennen. Ihr Mund auf der Unterseite besteht aus fünf pyramidenförmigen Zähnen, die sie zum Schaben, Zerreißen und Zermahlen von Nahrung wie Seetang oder Schwämmen benutzen.

Stachelige Blumen

Viele Seelilienarten sind am Meeresboden befestigt, aber manche können sich auch bewegen. Sie haben eine Krone aus gefiederten Armen, die mit winzigen Röhrenfüßchen bedeckt sind, mit denen sie ihre Nahrung fangen.

Tiefsee-Gurken

Seegurken sind meist gurkenförmige Stachelhäuter mit weichem Körper, aber es gibt auch ein paar ungewöhnliche Arten: kleine „Seeschweinchen“ (*Scotoplanes*), die auf dem Meeresboden in der Tiefsee leben, und Kopflose Hühnermonster, die über sie hinwegschwimmen.

NESSELTIERE

Der Körper von Nesseltieren besteht aus einem geleeartigen Gewebe zwischen zwei Zellschichten. Viele Arten haben Tentakel, die mit giftigen Nesselkapseln bedeckt sind, die sie nutzen, um Beute zu fangen.

Riffbauer

Riffbildende Korallenpolypen scheiden Calciumkarbonat (Kalk) aus, um Korallenriffe zu bilden. In ihrem Gewebe leben winzige Lebewesen, sogenannte Zooxanthellen, die der Koralle ihre Farbe verleihen. Sie nutzen die Sonnenenergie, um Nahrung zu produzieren (Photosynthese), die sie mit der Koralle teilen.

Blumen im Meer

Seeanemonen bestehen aus einem kleinen Gewebestamm, auf dem ein Ring aus Tentakeln sitzt. Die meisten bleiben haften und bewegen sich nur selten, obwohl sie es können, wenn sie müssen. Die „Zwiebelanemone" (*Paranthus rapiformis*) kann sich zu einem Ball zusammenrollen und lässt sich von den Meeresströmungen treiben, bis sie auf schlammigen Meeresboden stößt, auf dem sie sich niederlässt.

Portugiesische Galeere

Die Portugiesische Galeere ist keine echte Qualle, sondern eine Staatsqualle – eine Kolonie von Organismen, die Zooiden genannt werden und unter einer mit Gas gefüllten Schwimmblase leben. Die Art kann bis zu 30 m lange Tentakel ausbilden, die mit vielen giftigen Nesselzellen bedeckt sind, deren Stich sehr schmerzhaft sein kann.

Portugiesische Galeere

Herumtreiber

Quallen treiben meist im Meer umher, können sich aber auch durch Zusammenziehen ihres Schirms fortbewegen, von denen manche riesig werden. Der Schirm der Nomura-Qualle, die manchmal in riesigen Schwärmen auftritt, kann einen Durchmesser von 2 m erreichen! Japanische Fischer haben einmal einen Schwarm in ihren Netzen gefangen, der so schwer war, dass ihr Boot fast gekentert wäre.

TIERKUNDE

Die Tierkunde ist ein Zweig der Biologie, der Zoologie genannt wird. Wissenschaftler*innen, die das Reich der Tiere erforschen, werden Zoolog*innen genannt.

Ein zoologischer Zeitstrahl

- **Vor 17.000 Jahren:** Tiere faszinieren die Menschen schon immer. Die frühesten Höhlenmalereien, wie die in Lascaux im Südwesten Frankreichs, zeigen Tiere, mit denen die Menschen vertraut waren: wilde Rinder, Bisons, Hirsche, Pferde, Bären, Katzen und Vögel.
- **Der griechische Philosoph Aristoteles** (384–322 v. Chr.) war einer der ersten Zoologen. Er benannte etwa 500 verschiedene Tierarten und beschrieb sie in seiner *Historia animalum*. Er wird auch der „Vater der Zoologie" genannt.
- **1758** veröffentlichte der schwedische Naturforscher Carl von Linné die 10. Auflage seiner *Systema Naturae*, die den Ursprung der binären Nomenklatur (den aus zwei Teilen bestehenden Artnamen zur Klassifizierung von Tieren) darstellte, die wir heute verwenden.
- **1858** wurden der Linnean Society of London die bahnbrechenden Ideen von Charles Darwin und Alfred Russel Wallace vorgestellt, die zur Evolutionstheorie führten, die Darwin in *Über die Entstehung der Arten* beschrieb.
- **1960** studierte Jane Goodall Schimpansen in Gombe, Ostafrika, und entdeckte, dass sie nicht nur Werkzeuge zum Termitenfischen verwendeten, sondern sie auch als Waffen gegeneinander benutzten.
- **1962** veröffentlichte Rachel Carson ihr Buch *Der stumme Frühling*, in dem sie auf die Vergiftung von Vögeln durch von Menschen hergestellte Chemikalien aufmerksam machte, und läutete damit und der Erkenntnis, dass die Menschen sich nicht um den Planeten kümmern, die Geburtsstunde der amerikanischen Umweltbewegung ein.
- **1973** teilten sich Konrad Lorenz, Nikolaas Tinbergen und Karl von Frisch den Nobelpreis für ihre bahnbrechenden Studien über das Verhalten von Tieren. Lorenz untersuchte das Instinktverhalten von Gänsen, Tinbergen zeichnete das Verhalten von Silbermöwen auf, und von Frisch interpretierte die Tanzsprache von Honigbienen.
- **2020** erhielten Jennifer Doudna und Emmanuel Charpentier den Nobelpreis für die Entwicklung einer Methode zur Genom-Editierung (gezielte Veränderung von Erbgut), was einige Wissenschaftler*innen als den wichtigsten Fortschritt auf dem Gebiet der Biologie ansehen. In der Landwirtschaft und Lebensmittelproduktion wird sich das auf die Pflanzen und Tiere auswirken, die wir essen, und in der Medizin wird es helfen, Krankheiten zu verhindern.

Sinn und Nutzen der Zoologie

Tiere zu erforschen, ist aus vielen Gründen wichtig. Einer davon ist, dass wir uns einen Eindruck vom Zustand der Welt und ihren Tieren machen wollen. Ein wichtiges Thema in der aktuellen Tierforschung ist die biologische Vielfalt. Bei der Biodiversität geht es um die Vielfalt des Lebens an einem bestimmten Ort – aller Tiere, Pflanzen, Pilze und Bakterien. Wenn wir wissen, wie viele Tiere dort genau leben, und ob die Populationen zu- oder abnehmen, können wir klare Rückschlüsse auf die Gesundheit des betreffenden Lebensraumes ziehen.

Denn nichts lebt allein. Alle Pflanzen, Tiere und Mikroben hängen voneinander ab. Alle sind Teil eines komplexen Ökosystems. Fehlt ein Lebewesen in diesem System, wirkt sich das auf viele andere aus. Das Problem heute ist, dass die Tierpopulationen überall auf der Welt rückläufig sind und einige der Lebensräume, in denen sie leben, langsam verschwinden.

Einem vom World Wide Fund for Nature (WWF) veröffentlichten Bericht zufolge ist die weltweite Population von Wirbeltieren (Säugetieren, Vögeln, Reptilien, Amphibien und Fischen) seit 1970 um 60 % zurückgegangen. Dies ist zum Teil auf den Verlust von Lebensräumen zurückzuführen, wie der Abholzung von Wäldern, und teils auf andere Faktoren, wie der menschengemachten Erderwärmung.

Manche Tiere können sich an Veränderungen anpassen. Das sind die Generalisten, wie Ratten und Kakerlaken, die sich an das Leben mit den Menschen angepasst haben. Spezialisten wie die Eisbären dagegen, die auf das Meereis in der Arktis angewiesen sind, um jagen zu können, können sich weniger gut anpassen und sind daher vom Aussterben bedroht. Aus einem weiteren WWF-Bericht geht hervor, dass über eine Million Tier- und Pflanzenarten vom Aussterben bedroht sind. Das ist die höchste Zahl in der Geschichte der Menschheit.

Bei geschätzten 5,5 Millionen Tierarten, die noch nicht entdeckt wurden, könnte es sein, dass wir Arten verlieren, bevor wir herausfinden konnten, dass sie überhaupt existiert haben. Indem wir das Tierreich studieren, können wir aber zumindest anfangen, etwas zu tun.

GLOSSAR

Art, auch Spezies; eine Gruppe von ähnlichen Individuen in der Pflanzen- und Tierwelt, die sich miteinander fortpflanzen können. Die wissenschaftliche Bezeichnung setzt sich aus zwei lat. oder griech. Wörtern zusammen, die kursiv gesetzt werden, z. B. *Homo sapiens*
ausbrüten bezeichnet das Sitzen auf und Warmhalten von Eiern, bis die Babys darin schlüpfen
Aussterben, auch Extinktion; eine ausgestorbene Pflanzen- oder Tierart ist für immer verschwunden
Beute Tier, das von anderen Tieren gejagt und gefressen wird
Drüsen Organe, die Flüssigkeiten produzieren, die in den Körper abgegeben werden oder die der Körper an die Umwelt abgibt
Flossen Antriebs-, Steuer und Stabilisierungsorgan von Tieren; es gibt Rücken-, Brust-, Bauch, After- und Schwanzflossen
Gewebe Ansammlung von spezialisierten Zellen im Körper einer Pflanze oder eines Tieres, wie Muskeln oder Nerven
Gift Substanz, die andere Lebewesen töten oder ernsthaft schädigen kann
Herbivoren, auch Pflanzenfresser; Tiere, die Pflanzen fressen
Karnivoren, auch Fleischfresser; Tiere, die andere Tiere fressen
injizieren eine Flüssigkeit einspritzen
Kiemen Organe, die Fische und andere im Wasser lebende Tiere zum Atmen benutzen
Klassifikation, auch Systematik oder Taxonomie; die Einteilung von Pflanzen und Tieren in formale Gruppen auf Grundlage ihrer Ähnlichkeiten

Knorpel biegsames Material wie das in deiner Nase oder deinem Ohr
Larve Zwischenform in der Entwicklung eines Tieres vom Ei zum erwachsenen Tier
Massenaussterben, auch großes Artensterben; Zeitabschnitt, in dem viele Tiere und Pflanzen gleichzeitig sterben
Mauser alle Federn verlieren, das Federkleid wechseln
Omnivoren, auch Allesfresser; Tiere, die sowohl Pflanzen als auch Tiere fressen
Organismus einzelne Lebewesen, wie Pflanzen, Tiere, Protisten oder Bakterien
Parasit Pflanze oder Tier, die auf oder in einer anderen Pflanze oder einem anderen Tier lebt

Photosynthese Prozess, bei dem grüne Pflanzen und andere Organismen Sonnenlicht, Kohlendioxid und Wasser in Zucker und Sauerstoff umwandeln
Plankton Gesamtheit aller Organismen, die im Wasser schwebend herumtreiben
Polyp der lebende Teil einer Koralle
Räuber Tier, das andere Tiere jagt und frisst
Reißzähne besonders große, scharfkantige Backenzähne von Raubtieren
Schwerkraft, auch Gravitation oder Erdanziehungskraft; Kraft, die alle Körper nach unten in Richtung Erdmittelpunkt zieht
Segment/segmentiert Teilstück, Teilbereich, Abschnitt, zerlegt, gegliedert
Tentakel lange, dünne Körperteile von Tieren, mit denen sie Dinge greifen oder fühlen können
Wirbellose, auch Invertebrata; vielzellige Tiere ohne Wirbelsäule
Wirbeltiere, auch Vertebrata; Tiere mit einer Wirbelsäule
Zellen kleinste lebende Einheit aller Organismen, die sich unabhängig von anderen Organismen durch Zellteilung vermehren können

LESETIPPS

Oben, unten und lange her
von Michael Bright & Jonathan Emmerson, Laurence King Verlag, 2022
Die Rückkehr der Wildnis
von Helen Scales & Good Wives and Warriors, Laurence King Verlag, 2023
Die Rückkehr der Wildnis Ausmalbuch
von Helen Scales & Good Wives and Warriors, Laurence King Verlag, 2024
Insekten retten die Welt
von Buglife & Qu Lan, Laurence King Verlag, 2021
Mit Freddi durch die Ozeane
von Catherin Barr & Brendan Kearney, Laurence King Verlag, 2021

REGISTER